Par Madame
Chaumont, d'après Rachas,

L'AMOUR

A

TEMPÉ.

PASTORALE ÉROTIQUE

en deux Actes & en Prose.

NOMS DES ACTEURS.

L'AMOUR.   *Mlle Hus.*

PHOLOÉ.   *Mlle Doligny.*

HYACINTHE.   *M. Molé.*

IPHIANASSE, Mere de Pholoé. *Mad͏e Bonioli.*

LAMON, Pere d'Hyacinthe.   *M. Brifard.*

MŒRIS, Rival d'Hyacinthe.   *M. Monvel.*

L'AMOUR

A

TEMPÉ.

ACTE PREMIER.

SCENE PREMIERE.

L'AMOUR *seul sous la figure d'un jeune homme, avec ses aîles, un arc & des flèches.*

Le Théâtre repréfente un Bofquet avec des Siéges de gazon en ceintre. Du haut fort une Fontaine, dont l'eau roule en ferpentant fur la Scène. Aux Arbres font attachées des Guirlandes de fleurs avec des rubans ; un Myrthe porte un habit de Berger avec une flûte antique ; fur le tronc du Myrthe eft gravée une Infcription.

L'AMOUR.

JE fuis donc à Tempé. C'eft ici que je vis Pfyché pour la premiere fois ; ce vallon me fait oublier l'Olympe ; fes habitans font mes fujets les plus

A

dévoués. Ils ont bâti un Temple à Pfyché ; &
l'Amour reçoit tous leurs hommages. Voici l'of-
frande de l'un d'eux. (*Il lit.*) LAMON CONSACRE
A L'EPOUX DE PSYCHÉ, SON HABIT DE BERGER
ET SA FLUTE A NEUF EMBOUCHURES. CETTE
INSCRIPTION EST DE LA MAIN DU JEUNE HYA-
CINTHE, FILS DE LAMON. PUISSE LE DIEU
REGARDER D'UN ŒIL FAVORABLE, ET LE PERE
ET L'ENFANT. Oui, Lamon, j'ai reçu tes préfens.
Tu fus autrefois comblé de mes faveurs ; & ces
mêmes faveurs, je les réferve déformais à ton fils.
J'aime les Pafteurs, j'aime ces hommes fimples ; je
veux me mêler parmi eux, & fous cet habit, (*Il
prend les vétemens appendus au Myrthe.*) combler les
vœux de deux cœurs que j'ai diftingués. Je jouirai
de leurs defirs, de leurs craintes, de leurs larmes
même : car il faut aux humains un bonheur pré-
paré par l'infortune. Mais on m'apperçoit, & il
n'eft pas tems encore que je me montre. (*Il fort.*)

SCENE II.

MŒRIS, PHOLOÉ.

MŒRIS.

OH ! je l'ai bien vu, il a beau fe fauver.

PHOLOÉ.

Qui vu, Hyacinthe ?

MŒRIS.

Eh ! non, ce n'eft pas Hyacinthe. C'eft un
Berger qui vient d'emporter l'habit que Lamon

a confacré dans ce Bocage. Je lui difois bien que cela arriveroit; il n'a pas voulu me croire. Il auroit beaucoup mieux fait de garder fon habit & fa flûte. Mais, dites-moi donc ; vous allez dans la prairie ?

PHOLOÉ.

Non.

MŒRIS.

Vers le baffin de Diane ?

PHOLOÉ.

Non.

MŒRIS.

Au Temple de Pfyché ?

PHOLOÉ.

Non.

MŒRIS.

Mais vous allez en quelqu'endroit, Pholoé ?

PHOLOÉ.

Que vous importe, Mœris ? Vous ne me quittez non plus que l'ombre, quand il fait foleil, ne quitte les grands peupliers plantés fur le bord du Pénée. Si je fors, vous me fuivez comme une branche d'épine attachée à ma robe. Si je refte dans la maifon, vous faites femblant d'y ramener mon chien que vous avez fait fortir en l'appellant. Si je chante au Bocage, j'ai le défagrément d'entendre auffitôt votre flûte éternelle, que je reconnois bien à fes fons aigres ; & l'autre jour nous allions nous baigner, mes Compagnes & moi, dans la fontaine de Liffo : ne vous apperçus-je pas derriere le tombeau de Micylus ? Vous fûtes caufe que nous revînmes tout de fuite au

A 2

Hameau, fans avoir goûté le plaifir du bain. Ne vous lafferez-vous pas de me tourmenter ?

MŒRIS.

Vous tourmenter !... Mais, Pholoé, vous favez que votre mere me deftine....

PHOLOÉ.

Je ne fais rien ; fi ce n'eft que vous m'ennuyiez beaucoup autrefois ; & que, depuis quelques jours, vous m'impatientez davantage.

MŒRIS.

Depuis quelques jours.... je vous impatiente?

PHOLOÉ.

Dites-moi ; pourfuivez-vous votre chemin, ou reftez-vous ici ?

MŒRIS.

Je voulois aller.... (*Voyant que Pholoé va s'af-feoir.*) Je refte ici.

PHOLOÉ.

Et moi je m'en vais.

MŒRIS.

Jamais je ne pourrai rien faire qui vous foit agréable ?

PHOLOÉ.

Pardonnez - moi ; puifque vous reftez ici, Hyacinthe y viendra ; dites-lui de m'attendre.

SCENE III.

MŒRIS, *seul & consterné*.

COMMENT! à Hyacinthe...! à mon Rival,
peut-être!... Suivons-la plutôt. (*Il fait quelques
pas.*) Mais, non; je veux savoir ce que pense
Hyacinthe; c'est un enfant, il me le dira. Si j'apprends que mes espérances soient trompées, j'avertirai la mere de Pholoé; elle m'aime, moi.
Ah! Pholoé! Pourquoi n'est-ce pas toi qui m'aimes? Je suis riche; mes grands troupeaux couvrent de gras & d'immenses pâturages qui m'appartiennent: je puis disposer de tout ce bien que
je conserve avec tant de soin. Je te donnerai, si
tu veux, une chèvre qui porte toujours deux
chevreaux, moi qui refusai dernierement à Philis
un petit agneau dont la mere étoit morte. Es-tu
trop jeune, pour sentir ce que je vaux? Je suis
brun, mais ma figure est agréable. Thestyle &
Philalette ne passent jamais devant ma vaste maison, sans me dire: « adieu, beau Mœris ». Certainement, Hyacinthe ne mérite pas de m'être
préféré. J'ai quatre Bergers & dix Laboureurs
chez moi; ils disent tous que je chante comme
une Muse, & que je joue de la flûte mieux que
Pan. Cependant tu me méprises.... Eh bien, je
veux te mépriser à mon tour. J'en trouverai d'autres. Il est vrai.... ta taille est charmante, ta
démarche est gracieuse, tes lévres & tes joues
sont d'un rouge plus vif que celui d'une pêche qui
mûrit au soleil, ton sourire est plein d'amour;

mais. . . . Non, oh ! non ; je t'aimerai toujours, Pholoé ; je ne puis aimer que toi ; fans toi, je n'aurois prefque point de plaifir à être le plus riche des habitans de Tempé.

SCENE IV.

MŒRIS, L'AMOUR *en Berger.*

MŒRIS.

Où cours-tu fi vîte, adolefcent impie ? Dis, parle ?

L'AMOUR.

O Berger ! fois utile à un malheureux ! Tu le vois ; épuifé de fatigue, je puis à peine me fou-tenir. Mon bélier épouvanté a fui devant moi. Va de ce côté ; aide un de tes jeunes Compa-triotes qui le pourfuit de l'autre. Vous me l'ame-nerez, tandis que je me repoferai un inftant fur ce gazon.

MŒRIS.

Qui ? Moi ? J'irois courir après ton bélier ? Tu te trompes fort ; cours toi-même, fi tu le veux. Et puis ce n'eft pas cela dont il eft queftion. Je t'ai vu détacher du tronc de ce Myrthe l'habille-ment que tu portes. Dis-moi, crois-tu qu'on l'eût placé là pour toi ? C'eft une offrande faite au Dieu tutélaire de ce Bocage. Tu te perfuades, fans doute, qu'on ne le reconnoîtra pas, parce que tous les habits de Bergers fe reffemblent ; mais on le reconnoîtra en le regardant attentivement.

L'Amour.

Mon ami, je suis pauvre; je n'ai pas cru faire un crime. Laisse au Dieu le soin de venger sa divinité; & daigne venir m'aider à ramener mon bélier.

Mœris.

Moi, ton ami! & tu es pauvre! Oh! non : je n'ai point d'amis comme toi. Je n'ai point d'amis, car je suis seul opulent dans le canton. Je ne travaille point, & j'ai des Pasteurs & des Laboureurs qui travaillent à ma place. Imagine si j'irai me déranger pour te faire plaisir.

L'Amour.

Ton ame est dure, & tu habites Tempé! Eh bien, je t'en conjure par tes richesses; fais-moi la grace que je te demande.

Mœris.

Non, non, non. Ne me regarde pas davantage d'un air suppliant; je ne veux pas t'accorder ce que tu demandes, & tu laisses à ton bélier le tems de gagner le Bois sacré que l'on voit d'ici. Va-t-en.

L'Amour.

Je m'en vais, mais les Dieux te puniront.

SCENE V.

MŒRIS, *seul.*

Les Dieux, les Dieux! voilà tout ce que savent dire les misérables que nous refusons. Eh bien, quoi ? les Dieux ! N'est-ce pas eux qui nous ont donné du bien ? S'ils nous l'ont donné, n'est-ce pas pour nous ? Si c'est pour nous, ce n'est donc pas pour les autres. Ah ! qu'ils devroient bien aussi nous avoir munis contre ce je ne sais quoi qui nous trouble, lorsque nous sommes obligés de refuser ; car je posséderai davantage un jour; & comment ferai-je alors, puisqu'à présent on m'importune si souvent, & que je ne laisse pas d'en avoir quelque chagrin? Sans doute, qu'en devenant plus riche, on devient aussi plus dur. Oh! oui, certainement; essayons donc d'augmenter mes biens au plus vîte, pour jouir plutôt du privilége. Mais Hyacinthe ne vient point.... Infailliblement c'est lui qui a secouru l'indiscret qui me quitte. Tant mieux, le petit imbécile me dira tout. Le voici. Il parle. (*Il prête une oreille attentive.*) Ecoutons.

SCENE VI.

MŒRIS, HYACINTHE.

HYACINTHE *regardant de tous côtés.*

Elle n'y eſt pas !

MŒRIS.

Qui, elle ?

HYACINTHE.

Vous ne l'avez pas vue ?

MŒRIS.

Qui donc ?

HYACINTHE.

Mais ᷄ . . . Pholoé.

MŒRIS.

Pholoé ! Que lui veux-tu ? Eh bien, tu rougis.
Ah ! Hyacinthe, je vois bien ce qui t'attire
auprès d'elle.

HYACINTHE.

Quoi ? Que pourroit-ce être ?

MŒRIS.

Tu l'aimes.

HYACINTHE.

Je l'aime . . . mais je ne ſais pas.

MŒRIS.

Tu ne ſais pas ?

HYACINTHE.

Non. Tenez, Mœris, je connois Pholoé depuis long-tems; mais il y a huit jours, à la fête de
Vénus, je me trouvai vis-à-vis d'elle dans le
Temple. Elle étoit habillée de lin ; une ceinture
d'azur serroit sa taille ; ses cheveux tomboient à
grosses boucles sur son col & sur ses épaules ;
elle avoit un bouquet de narcisses mêlés avec
des brins de myrthe ; la corbeille qu'elle de-
voit présenter à la Déesse étoit pleine de lys &
de tubéreuses. Je considérois Pholoé, car c'étoit
la plus belle des Filles du sacrifice. Elle arrêta ses
yeux sur moi . . . ses beaux yeux . . . vous
sçavez qu'elle les a doux & tendres comme une
colombe qui se désaltère au bord d'un petit ruisseau. Ah! Mœris, mon cœur se troubla, je sen-
tis le rouge qui me montoit au visage, mes genoux chanceloient, je baissai la vue, je n'osai
plus la regarder, & j'en mourois d'envie.

MŒRIS. *Inquiet.*

Tu . . . tu l'aimes . . . Hyacinthe.

HYACINTHE.

De retour à la maison, mon pere me crut malade, parce que j'oubliois de conduire mes chèvres
vers l'ozeraye, & que je répondois mal à ses
questions. Je n'étois pas malade, Pholoé m'occu-
poit, je croyois toujours qu'elle me regardoit.
Toute la nuit je rêvai de Pholoé, & le lendemain
je vins dans ce Bocage pour songer à mes rêves
sans être interrompu.

MŒRIS, *toujours plus mal*
à son aise.

Ah! tu... tu rêvois de Pholoé . . . & puis. . . .

HYACINTHE.

Quand je revis Pholoé, je n'eus pas la force de lui rien dire. La feconde fois je lui parlai, mais en tremblant, fans favoir ce que je difois, pourtant je remarquai qu'elle m'écoutoit avec bonté. Je me fuis enhardi ; hier je lui donnai des muguets & des violettes, & j'ofai lui demander un baifer. O Mœris ! je crus fentir fur fes lèvres comme une jeune abeille cachée dans un bouton de rofe, qui me piqua jufqu'au cœur ; j'en treffaillis ; &, depuis ce moment, je n'ai plus de repos.

SCENE VII.

L'AMOUR, HYACINTHE, MŒRIS.

MŒRIS *fans voir l'Amour*
& d'une voix tremblante.

ELLE t'a donné un baifer ?.. à toi ?... Pholoé ? ... qui te piqua jufqu'au cœur ?

HYACINTHE.

Aujourd'hui je la cherche pour lui montrer un nid de tourtereaux que j'ai découvert ; elle ira le prendre, ou bien nous irons le prendre enfemble ; mais je ne veux plus des baifers de Pholoé.

MŒRIS.

Il étoit donc bien doux ce baifer ?...Non, je... je veux dire que . . . (*A part.*) J'étouffe

(*d'un ton de colère.*) petit malheureux ! fi jamais...
(*en fe radouciffant.*) Oui , tu feras bien de refufer les baifers de Pholoé. (*à part.*) Ah ! je n'y
puis plus tenir. (*en furieux.*) Tu m'as déchiré le
cœur. Il te coûtera cher le baifer que t'a donné ,
Pholoé. Je me vengerai d'elle , je me vengerai de
toi. Je cours avertir fa mere ; elle m'écoutera ,
me confolera ; & fi par malheur . . . mais je ne
crains pas qu'elle me refufe.

L' A M O U R.

Comment , vous vous fâchez , riche Mœris ?
Mais , vous n'y fongez pas ; & que vous importe
le baifer de Pholoé ? N'êtes-vous pas opulent ,
le feul opulent de ce canton ? Pholoé n'eft pas
riche , Hyacinthe eft pauvre.

M œ R I S.

Jupiter te confonde , méchant étranger ! Tu
veux irriter ma peine , mais tu ne le feras pas
impunément , peut-être. Si je rencontre ton troupeau , je l'effraierai par mes cris & le difperferai
dans la campagne. Va , puiffe encore ton bélier
s'enfuir ; & toi , après une recherche longue &
pénible, le perdre tout-à-fait. (*Il s'en va.*)

SCENE VIII.

L'AMOUR, HYACINTHE.

L'AMOUR.

JE te remercie, jeune Berger. J'ai retrouvé mon bélier. Il paiſſoit l'herbe fraîche auprès de l'aube-épine, à laquelle tu l'avois attaché. Demande-moi la récompenſe que mérite un pareil ſervice.

HYACINTHE.

Eh! mais ne vous ai-je pas épargné de la fatigue ?

L'AMOUR.

Oui, beaucoup.

HYACINTHE.

Eh! bien, cela m'a fait plaiſir.

L'AMOUR.

Va, tu portes un cœur compatiſſant; les Dieux te béniront.

HYACINTHE.

Oui, & ce ſera ma récompenſe. Mon pere me le dit ſouvent, & ma mere me le diſoit auſſi, quand elle me tenoit ſur ſes genoux, avant d'avoir perdu le jour. « Hyacinthe, la bénédiction » des Dieux, & l'amitié des hommes, voilà le fruit » de la bienfaiſance & ſon digne prix ». Et il me ſemblé qu'elle oublioit encore le plaiſir d'obliger qui eſt ſi doux. Mais, dites-moi, bel Étranger,

avez-vous remarqué le courroux de Mœris;
comment ſes lèvres étoient pâles & tremblan-
tes? Et qu'eſt-ce donc que le baiſer d'une Bergère,
puiſqu'il m'agite ſi fort, & qu'il met Mœris en
fureur ?

L'A M O U R, *en ſouriant.*

Mais... le baiſer d'une Bergere, c'eſt un....
(*l'Amour ſourit.*)

HYACINTHE.

Eſt-ce un mal ? Oh ! comme vous ſouriez!...
Vous ſouriez tout comme . . . Mais apprenez-
le moi, eſt-ce un mal ? Vous le ſavez.

L'A M O U R.

Oui, je le ſais, & beaucoup d'autres choſes.
Je ſais, par exemple, que tu croyois trouver ici
Pholoé.

HYACINTHE.

Cela eſt vrai. Vous êtes donc un favori d'A-
pollon, un Devin. Savez-vous auſſi interpréter
les ſonges ?

L'A M O U R.

Oui.

HYACINTHE.

Voulez-vous m'expliquer celui que j'ai fait
hier ?

L'A M O U R.

Je le veux bien.

HYACINTHE.

Je croyois être dans un jardin délicieux, où
les fleurs naiſſoient de toutes parts. La roſe & le
jaſmin en formoient l'enclos; le chêvrefeuil avec

le lilas s'élevoient agréablement en bosquets;
les rossignols charmoient l'oreille par un ra-
mage mélodieux; tous les arbres étoient chargés
de fruits; & l'air qu'on y respiroit . . . mais ce
n'étoit pas l'air qu'on respiroit, c'étoit le par-
fum des fleurs. J'étois oppressé de plaisir, lorf-
que, levant les yeux, j'ai vû un char traîné par
des cygnes qui fendoient mollement les airs. Dans
ce char étoit une Femme d'une beauté divine,
dont un beau garçon assis à côté d'elle, caressoit
la main, oh ! tout comme je caresserois celle de
Pholoé. Le char est venu se reposer au milieu du
jardin, le beau garçon en est descendu, & j'ai
vu qu'il avoit des aîles dont le sommet étoit
doré, & un carquois plein de flèches. Il a secoué
sa blonde chevelure, & pris son arc; il me regardoit en souriant, mais son sourire avoit quelque chose de malin, comme le vôtre de tout à
l'heure. Je l'ai vu tendre son arc & ajuster une
flèche contre moi; j'ai fait un cri, je me suis
baissé pour l'éviter; il n'étoit plus tems, le trait
vole, il me perce le sein; je tombe, on accourt,
on cherche à me rappeller à la vie, j'ouvre les
yeux: c'étoit Pholoé qui tenoit la main sur ma
blessure. En la voyant, je me suis éveillé en
sursaut, tout a disparu, le beau jardin, le char,
le Dieu, la Déesse, & je n'ai regretté que Pholoé.

L'AMOUR.

Je ne puis t'expliquer ton rêve, Hyacinthe;
ce seroit trahir le secret du Dieu qui t'est apparu.
Je te dirai seulement que le beau garçon que tu
as vu descendre du char est l'Amour. Ce Dieu af-
fectionne sur-tout ce vallon depuis qu'il y vit

Pſyché. C'eſt la Déeſſe qui étoit aſſiſe à ſon côté. Souvent il honore ces lieux de ſa préſence, les Habitans ſont ſes plus chers favoris, & peut-être il veut te rendre heureux avec Pholoé.

H Y A C I N T H E, *timidement.*

Me rendre heureux avec Pholoé ?

L' A M O U R.

Oui. Mais. . . .

H Y A C I N T H E.

Quoi ?

L' A M O U R.

Tu n'es pas riche.

H Y A C I N T H E.

Riche ? Et qu'eſt-ce qu'être riche ? Eſt-ce être beau comme Adonis, ou fort comme Hercule, ou vaillant comme Mars ?

L' A M O U R.

Non, ce n'eſt pas cela.

H Y A C I N T H E.

Licidas, qui chante comme Orphée, qui danſe comme une Nymphe, & qui compoſe des vers dignes de Phébus, eſt-il riche ?

L' A M O U R.

Non. Etre riche, c'eſt avoir beaucoup d'agneaux, beaucoup de géniſſes, de grands pâturages. C'eſt avoir, pour ſoi tout ſeul, la part d'un grand nombre d'autres.

H Y A C I N T H E.

Mais ces autres, il faut bien qu'ils ſubſiſtent ; les riches leur rendent donc cette part qu'ils ont

à

à eux? Par exemple, nous avons quelquefois chez mon pere du lait frais, des faines & des noifettes plus que nous ne pouvons en manger: alors j'appelle le premier voyageur qui paffe, je l'invite à venir fe repofer dans notre grotte, & nous lui offrons, de bon cœur, de partager notre repas. Nous n'aurions pas tout mangé, ce furplus eft la portion de ceux qui n'ont point de portion. Attendez. . . . Je crois vous comprendre: être riche, c'eft être bon; car c'eft être chargé de la diftribution des parts d'un grand nombre de perfonnes, n'eft-il pas vrai? Vous fouriez encore; mais je n'oferai plus vous rien dire. Vous vous moquez de moi.

L'AMOUR.

Ce que tu dis, Hyacinthe, devroit être; mais n'eft pas. Un homme riche garde toutes ces parts pour lui, afin de devenir plus riche encore.

HYACINTHE.

Je vois bien à préfent que vous vous moquez de moi. Ce que vous dites eft impoffible. Et que feroit-il de toutes ces parts? La peine de les garder eft-elle comparable à la fatisfaction de les rendre à ceux à qui elles appartiennent? Tenez, nous fommes riches quelquefois, & même, oh! oui, j'en fuis bien affuré, nous le ferions toujours, fi Pholoé vouloit venir demeurer avec nous. Je lui céderois avec tant de plaifir, la moitié des fruits que je vais cueillir. Je lui donnerois tout, fi cette moitié ne lui fuffifoit pas.

L'AMOUR.

Et fi fa mere Iphianaffe vouloit auffi habiter avec vous?

B

HYACINTHE.

Nous creuferions plus avant dans le rocher, je menerois moi-même fes chèvres brouter fur le penchant de la colline, & nous ferions encore riches.

L'AMOUR.

Mais fi elle perdoit fes chèvres ?

HYACINTHE.

Alors . . . je laifferois ma part à la mere de Pholoé, j'irois ailleurs.

L'AMOUR.

Et qui fe chargeroit d'aller cueillir des fruits pour ton pere & pour Pholoé ?

HYACINTHE.

Vous avez raifon. O que cet accident feroit cruel !

L'AMOUR.

Ne crains rien, Hyacinthe; Iphianaffe n'ira pas demeurer avec vous, elle ne voudra pas nonplus que Pholoé y demeure. On te préfere Mœris, il eft riche lui.

HYACINTHE.

Votre difcours me trouble, me faifit, quoiqu'il ne foit pas vraifemblable; quand on veut demeurer avec quelqu'un, les grands troupeaux le rendent-ils plus aimable ? Mais, vous vous jouez de ma fimplicité. Qui êtes-vous ? Votre préfence me fait prefque frémir. . . . L'image de Pholoé me perfécute plus violemment. Seriez-vous un de ces Magiciens puiffans, dont on conte tant de merveilles dans notre Theffalie ? O ! fi vous en êtes un, veuillez ne pas me nuire ; il n'y a point de gloire à opprimer un foible Berger.

L'AMOUR.

Je ne suis point un Magicien, & je ne cherche point à te nuire, Hyacinthe ; au contraire, laisse-moi guider tes pas, je puis contribuer à ta félicité. Va là-bas sous ce vieux chêne où Pholoé t'a donné le premier baiser, vas-y l'attendre, je saurai l'engager à t'aller joindre.

HYACINTHE.

Je vous obéis. Mais. . . . (*il le regarde.*) Non, vous n'aurez pas le courage de me tromper. (*il revient après avoir fait quelques pas.*) Au nom des Dieux, ayez pitié de mon impatience, ou bientôt vous me verrez revenir sur mes pas.

SCENE IX.

L'AMOUR, *seul.*

Voila les cœurs où j'aime à suivre les effets de ma puissance ; ils brûlent de l'encens sur mes autels avant de savoir le nom du Dieu qu'ils adorent. Ah ! ceux qui m'invoquent, qui me reclament à haute voix, sont des imposteurs qui ne me ressentent gueres. Ici l'innocence au front ouvert, la candeur au sourire ingénu régnent sans concurrent. Il s'y rencontre un Mœris ; mais il est seul, & j'empêcherai que le nombre n'en augmente. J'apperçois Pholoé. Qu'elle est belle ! O Hyacinthe ! c'est aux Monarques à t'envier ton bonheur.

SCENE X.

L'AMOUR, PHOLOÉ.

PHOLOÉ entre sur la scène, effeuillant une rose ; elle dit à chaque feuille:

IL m'aime, un peu, beaucoup, passionnément, point du tout. Il m'aime, un peu, beaucoup, passionnément. Ah ! (*elle saute de joie.*) Hyacinthe ! Hyacinthe ! (*elle voit l'Amour & veut se retirer.*)

L'AMOUR.

Je vous salue, gentille Bergere. Ne craignez rien d'un Berger qui s'intéresse à votre sort. Vous paroissez occupée ?

PHOLOÉ.

Je vous salue, jeune Étranger ; je répétois un secret que vient de m'apprendre une de mes compagnes, & je ne vous avois pas vu.

L'AMOUR.

Voulez-vous m'enseigner ce secret ? Je ne trahirai pas votre confiance. Je suis discret, & quand on m'accuse de ne pas l'être, on en prend un autre pour moi. Vous voyez ; je n'ai pas encore vu naître bien des fois le Printems parmi les Bergers. Aussi je me plais avec les jeunes Bergeres. Les jeunes Bergeres me recherchent de même, & elles préférent mon entretien au murmure d'un clair ruisseau, à l'ombre fraîche d'une grotte solitaire, & aux accens variés du rossignol pendant une belle nuit d'été.

PHOLOÉ.

Je le crois. Votre physionomie attache ; vous êtes si jeune ! vous ressemblez à une rose qui commence d'éclorre, ce n'est pas encore une rose ; mais ce n'est plus un bouton. Savez-vous cependant que vous avez l'air bien assuré pour votre âge, & que vous êtes trop hardi de m'aborder sans me connoître, & de vouloir que je vous apprenne un secret ?

L'AMOUR.

Si vous me l'apprenez, je vous apprendrai, à mon tour, l'endroit où Hyacinthe vous attend à présent.

PHOLOÉ.

Hyacinthe ! Mais, vous me connoissez donc ?

L'AMOUR.

Oui. Lorsqu'hier, dans le vallon, auprès du petit bois de Myrthe, vous appelliez Hyacinthe, & qu'on répéta son nom après vous. . . .

PHOLOÉ.

Si tendrement . . .

L'AMOUR.

C'étoit moi.

PHOLOÉ.

Je pensois que ce fût l'écho.

L'AMOUR.

Et cette flûte dont les sons avoient tant de charmes pour votre oreille, que vous n'osiez

B 3

respirer, crainte de perdre quelques-uns de ses sons ; cette flûte dont la délicieuse harmonie fit couler de vos yeux des larmes de plaisir ; c'étoit la mienne.

PHOLOÉ.

Vous jouiez l'air que chante Hyacinthe, & sa voix argentine ne me cause pas plus d'émotion. Mais, dites-moi, où le trouverai-je à présent ; il m'a promis de m'enseigner un nid de tourtereaux ; en quel endroit pourrai-je le rencontrer ?

L'AMOUR.

Sous ce vieux chêne où il vous donna ... ne baissez pas la vue .... où il vous donna des violettes & des muguets. A présent, le secret de votre compagne ?

PHOLOÉ, *un peu vîte.*

C'est Euphrosine. Elle m'a dit : « Pholoé veux-tu » savoir si quelque Berger t'aime, & combien il » t'aime ? Effeuille une rose, dis à chaque feuille, » vous m'avez entendue ? Je songeois à Hyacinthe. Mais je l'apperçois.

L'AMOUR.

Je vous laisse, car sans être indiscret, on peut être importun.

PHOLOÉ.

Vous êtes bien le maître de demeurer.

L'AMOUR.

Si cela peut vous plaire ? ...

PHOLOÉ.

Je dis que vous êtes bien le maître de demeurer.

L'AMOUR.

Je vous entends.

SCENE XI.

L'AMOUR, HYACINTHE, PHOLOÉ.

L'AMOUR.

Vous avez été bientôt de retour, Hyacinthe ?

HYACINTHE.

Je n'aurois pu l'attendre plus long-temps, (*montrant Pholoé.*) J'ai monté sur l'arbre. Voici les tourtereaux, Pholoé.

L'AMOUR.

Adieu, Hyacinthe. Je ne voudrois pas vous gêner.

HYACINTHE.

Nous gêner ? Non, je vous affûre : je ne faifois pas attention à vous.

SCENE XII.

HYACINTHE, PHOLOÉ *qui*
tient dans sa main le nid de tourtereaux.

PHOLOÉ.

MAIS il y en a deux; vous en prendrez un,
& je garderai l'autre.

HYACINTHE.

Oh! non, Pholoé, cela ne se peut pas.

PHOLOÉ.

Cela ne se peut pas …. & pourquoi?

HYACINTHE.

Parce qu'ils sont nés, & qu'ils ont été nourris
ensemble dans un même nid; & si on les sépa-
roit, cela les feroit mourir.

PHOLOÉ.
Vous croyez?

HYACINTHE.

On me l'a dit, & je le crois moi; car si quelqu'un me disoit : « Hyacinthe, tu ne verras plus
» Pholoé »; je sens que j'en mourrois.

PHOLOÉ.

Je ne veux pas que vous mouriez, Hyacinthe,
& vous me verrez toujours.

HYACINTHE.

Ah ! Pholoé. (*Il lui prend la main.*) Votre main
eſt brûlante. (*Il la quitte*).

PHOLOÉ.

Non, c'eſt la vôtre.

HYACINTHE.

Pholoé, je voudrois que les tourtereaux·ſuſ-
ſent parler ; j'en éleverois deux, & je les inſtrui-
rois à me répéter : Pholoé, belle Pholoé.

PHOLOÉ.

Moi, je veux eſſayer d'apprendre votre nom
aux miens, je le leur répéterai ſi ſouvent, ſi ſouvent qu'ils l'apprendront peut-être.

HYACINTHE.

Et ſi nous étions deux tourtereaux, en ſeriez-
vous bien aiſe ?

PHOLOÉ.

Et qu'eſt-ce qu'il nous en ſeroit arrivé ?

HYACINTHE.

Nous aurions été élevés dans le même nid ; &
quand nos aîles feroient devenues grandes, nous
euſſions touiours volé à côté l'un de l'autre ; nous
aurions paſſé les nuits ſur la même branche, &
lorſque l'aurore..... N'avez-vous jamais vu de
tourtereaux le matin avant le lever du Soleil ?

PHOLOÉ.

Non, jamais.

HYACINTHE.

D'abord un des deux fait un petit cri, comme
s'il vouloit éveiller ſon compagnon ; ils battent

des aîles tout doucement ; enfuite ils les éten-
dent, & chacun, avec fon bec, arrange les
plumes de l'autre. Ah ! Pholoé, qu'il eft agréable
de les voir s'entrelacer & fe careffer ainfi ! tenez
le jour où vous affiftâtes au facrifice de Vénus, le
matin j'avois vu deux tourtereaux faire tout ce
que je vous dis. Après cela, ils approcherent
leurs petits becs, ils les unirent ; ils fembloient
frémir de plaifir. Puis ils s'interrompoient par un
doux roucoulement... Que je vous montre.

P H O L O É.

Oh ! oui, Hyacinthe, je voudrois bien que nous
fuffions deux tourtereaux.

H Y A C I N T H E.

Voulez-vous que je vous montre ? (*Il va pour
l'embraffer.*) Mais non : (*il fe retire.*) Vos baifers
portent le poifon dans le cœur, ils rendent les
gens furieux.

P H O L O É.

Que dites-vous de mes baifers ? ce font les
vôtres plutôt. Je fuis dans une agitation ... depuis celui que vous me donnâtes hier .... & je ne
vous fais point de reproches cependant. Ah !

SCENE XIII.

PHOLOÉ, HYACINTHE, L'AMOUR.

L'AMOUR.

MES jeunes amis, il arrive souvent que la couleuvre détruit les œufs de la fauvette, tandis que celle-ci chante au Bocage. Pholoé, votre mere Iphianasse vous cherche avec Mœris; elle approche par cette allée d'orangers; attendez-la. Toi, Hyacinthe, suis-moi: vous pourrez vous revoir tantôt. (*à part.*) Le tems des épreuves est arrivé.

SCENE XIV.

PHOLOÉ, IPHIANASSE, MŒRIS.

IPHIANASSE.

A la bonne heure, Mœris; je consens que Pholoé soit votre épouse, pourvu néanmoins qu'elle n'ait pas pour vous une trop grande répugnance.

MŒRIS.

Et vous enverrez vos chèvres avec les miennes, nos troupeaux n'en feront plus qu'un. Voilà Pholoé, je vais lui communiquer votre résolution.

C

IPHIANASSE.

Attendez. Ma fille , tu m'as quittée de bonne heure ?

PHOLOÉ, *rougiſſant.*

Oui , ma mere.

IPHIANASSE.

Tu as même oublié d'arroſer le pied d'œillet que tu cultives avec tant de ſoin.

PHOLOÉ.

C'eſt que.....

MŒRIS.

Oh ! çà , Pholoé, vous allez être mon épouſe ; votre mere l'a décidé : cela ne vous fait-il pas plaiſir ?

PHOLOÉ.

Je n'en fais rien : demandez à ma mere.

MŒRIS.

Comment, à votre mere ?

PHOLOÉ.

Puiſqu'elle ne m'en a rien dit , ſans doute que cela ne me regarde pas.

MŒRIS.

Pardonnez-moi , pardonnez-moi , cela vous re-garde. Ah ! vous avez là deux tourtereaux ; ils nous ſerviront pour le ſacrifice.

PHOLOÉ.

Que voulez-vous dire pour le ſacrifice, Mœris ?

MŒRIS.

Oui, vous & moi, nous en étoufferons chacun un au pied de la ſtatue de l'hymen.

PHOLOÉ.

Qui ? moi, qui ne ſaurois voir mourir un petit papillon, j'aurois le courage d'étouffer un de ces jolis animaux ! Je ſentirois ſon petit cœur palpiter, tandis qu'il battroit des aîles contre ma main ; & je l'entendrois ſe plaindre, hélas ! de ma méchanceté ? Ah ! Mœris, cette idée me fait frémir. Qu'il n'y ait plutôt jamais, jamais de ſacrifice.

IPHIANASSE.

Qui vous a donné ces oiſeaux, ma fille ?

PHOLOÉ.

Hyacinthe.

MŒRIS.

Je vous le diſois bien qu'Hyacinthe étoit ſon amant.

PHOLOÉ.

Oh ! ma bonne mere, ne croyez pas Mœris : il ne l'eſt pas ; non, il ne l'eſt pas. C'eſt vous, Mœris, qui êtes mon amant. Ne me l'avez-vous pas dit ?

MŒRIS.

Il eſt vrai.

PHOLOÉ, *vivement.*

Oh ! je vais vous faire voir qu'Hyacinthe n'eſt pas mon amant. Votre abord me glace, votre préſence me gêne, & vos diſcours m'ennuient ; vous êtes mon amant, vous. Mais lui, quand il n'eſt pas avec moi, je voudrois le rencontrer ;

quand je le vois, mon visage s'enflamme, ma res-
piration se précipite ; tout ce qu'il dit me pénetre ;
& quand il m'a quittée, je ferme les yeux pour
m'entretenir avec son image. Ah ! ma mere, je
vous obéis avec tant de joie, vous le savez. Vous
m'avez défendu d'aller avec un amant dans les
bosquets ; aussi qu'il dise, Mœris, si jamais j'ai
voulu qu'il m'y suivît, mais tout à l'heure je n'aurois ressenti aucune peine d'aller y joindre Hyacinthe.

IPHIANASSE.

Taisez-vous, taisez-vous, Pholoé. Qu'osez-
vous dire ici ?

PHOLOÉ.

Oh ! Mœris, vous êtes cause qu'Iphianasse me
parle comme jamais elle ne m'a parlé. Allez, je
vous hais... je vous hais...

MŒRIS, *à Iphianasse.*

Vous voyez, vous voyez.

IPHIANASSE, *à Pholoé.*

Taisez-vous encore une fois, taisez-vous. Je
saurai me faire obéir.

IPHIANASSE.

Ma mere, ne vous mettez pas en colere contre
votre fille.

MŒRIS, *à Pholoé.*

Mais aussi vous avez tort. Est-ce que vous ne
savez pas que l'Oracle promet à Hyacinthe une
épouse de la main d'un Dieu ? Vous concevez
que ce ne peut être qu'une Nymphe, & qu'ainsi
vous ne devriez pas... (*on entend une voix qui dit :*

Iphianaffe, votre cabane eft embrâfée, votre troupeau va périr.)

IPHIANASSE.

O Dieux ! courons. Ne me refufez pas votre fecours, Mœris. (*Elle fort en tenant Pholoé par la main.*)

* * *

SCENE XV.

MŒRIS *feul.*

LA fuivrai-je moi-même ? Non, je lui enverrai mon monde. A quoi bon s'expofer ! Et puis, fi la cabane eft brûlée, tant mieux. On ne pourra plus me refufer Pholoé.

Fin du premier Acte.

ACTE II.

SCENE PREMIERE.

HYACINTHE *feul.*

ELLES ne font arrivées que pour être témoins de leur ruine, malgré le zele de nos Bergers. Oh ! quel affreux fpectacle ! Comme la flâme s'élançoit de toutes parts ! Elle s'élançoit comme un grand dragon fur des tourbillons de fumée noire, & l'on prétend que l'on a vu ce jeune garçon allumer le feu avec un flambeau. Combien la phyfionomie eft trompeufe ! On ne l'auroit pas dit, à le voir. Hélas ! j'ai fait mon poffible pour étcindre l'incendie ; mais, loin de l'appaifer, l'onde fembloit en augmenter la fureur. Le faîte de la cabane a fondu fous mes pieds, avec un fracas horrible ; & fans l'affiftance d'une Divinité, j'aurois été pour jamais enfeveli parmi les décombres. O Vulcain ! O Dieu terrible ! Malgré les cris & les foins de nos Compagnons, au milieu d'eux, tu dévores les chevreaux & leurs meres ! Tu confumes la demeure des troupeaux & celle des Pafteurs ! Epargne déformais les humbles chaumieres des habitans de Tempé. Dans quel trouble je fuis ! Pholoé ! Pholoé ! je te plains ! Je plains Iphianaffe ! Pourquoi n'ai-je pas été affez heureux pour écarter le malheur loin de vous ? Je n'ai pas ofé vous aborder ; votre affliction déchiroit mon cœur. Mais voici Mœris : je l'ai vu près d'elles ; il m'inftruira de leur état.

SCENE

SCENE II.

MŒRIS, HYACINTHE.

HYACINTHE.

Oh ! Mœris, vous avez laiſſé Iphianaſſe & Pholoé bien affligées ; n'eſt-il pas vrai ?

MŒRIS.

Non, j'avois le moyen de les conſoler.

HYACINTHE.

Vous, Mœris ? Ah ! je vous en félicite du fond de mon ame. Vous l'avez ſans doute employé ?

MŒRIS, *nonchalamment.*

Oui. Iphianaſſe me donne Pholoé pour femme, & elle vient habiter ma maiſon avec Pholoé.

HYACINTHE.

Avec Pholoé, & vous vivrez avec Pholoé ?

MŒRIS.

Oui.

HYACINTHE.

Ah...! Mais,....

MŒRIS.

Quoi ! cela te chagrine ?

HYACINTHE.

Oh ! oui ; je ſuis fâché de ce moyen-là. Pourtant je ferois bien aiſe de ſavoir Pholoé heureuſe ; mais je penſ. qu'elle ne ſera pas heureuſe.

C

MŒRIS.

Qui te fait penfer qu'elle ne fera pas heureufe, petit mauvais berger ? Va, Pholoé fait depuis long-tems qu'elle dôit être à moi, & elle en eſt contente, très-contente, te dis-je. Reſte, reſte ici : tu nous verras tout-à-l'heure paſſer pour nous rendre au Temple de Pſyché. Tu verras la joie briller fur fon front & fur celui d'Iphianaſſe ; fon bras fera paſſé dans le mien, je le preſſerai contre mon fein, & nous nous fourirons amou-reuſement. Mes quatre Bergers & mes dix La-boureurs nous accompagneront. Tu n'as pas toi quatre Bergers & dix Laboureurs. Tu verras en-core une fois. Mais non : tiens, j'ai pitié de toi. Va près de ton pere Lamon, & ne reſte pas pour voir paſſer Pholoé : tu ne ferois qu'augmenter ton déplaiſir.(*Il fait quelques pas & revient.*)Ecoute, je veux te dire encore que, ſi Pholoé t'a donné un baiſer, ſi elle t'a tenu des diſcours qui ne reſſem-blent pas aux miens, c'eſt pour ſe moquer de toi ; elle m'en a aſſuré... Pour ſe moquer de toi, en-tend-tu ? Adieu, éloigne-toi, crois-en mon avis.

SCENE III.

HYACINTHE, *ſeul.*

ELLE va demeurer dans la grande maiſon de Mœris. Ah ! qu'eſt-ce que je reſſens ? Il me ſem-ble qu'on a placé fur mon fein une maſſe lourde qui me ſuffoque. O Dieux ! j'ai bien du chagrin, & mes larmes ne peuvent pas couler. Tu vas habiter avec Mœris, Pholoé, toi ! Tendres colombes, vous pourrez déformais vivre avec les vautours. Mais elle n'a plus de cabane. Ah ! je veux refter fous ce feuillage ; &, quand je la verrai paffer, je lui dirai : « O Pholoé ! viens dans » notre grotte, viens ; mon pere Lamon t'y rece- » vra avec plaifir & moi avec tranfport. Ne m'as- » tu pas dit que tu voudrois que nous fuffions deux » tourtereaux ? Nous ferons comme eux alors, » viens »... Infortuné Hyacinthe, ne te fouvient-il plus des dernieres paroles de Mœris ? Elle fe moquoit de toi ! Ce baifer fi... je ne fais plus comment l'appeller ; c'étoit pour fe moquer de moi ! Non, non, je ne refterai pas plus long-tems ici. O Lamon ! ô mon pere ! je vais vous retrouver. Je vous dirai le fujet de ma trifteffe, vous plaindrez votre fils. Pendant que j'irai me mettre dans le fond de notre grotte, où je pleurerai la tête dans mes mains. Je pleurerai...O que je ferai heureux de fentir les larmes couler le long de mes bras ! Méchante Pholoé ! Je te... oui, je te hais. Je l'entends. C'eft elle... fuyons. Ah ! je puis à peine marcher. (*Il va fe placer derriere le trone du myrthe*).

SCENE IV.

PHOLOÉ, *seule.*

Pauvre Pholoé ! pauvre jeune fille ! ta cabane eſt détruite, ton troupeau eſt perdu, ta mere eſt déſolée. Ah !... mais ce qu'on m'a dit d'Hyacinthe me cauſe encore plus de peine. Hyacinthe !... c'eſt une nymphe qui t'eſt deſtinée pour compagne. Et toi, Pholoé !.. on te délaiſſe. Ce matin encore en penſant à lui, mon ſein palpitoit de plaiſir : (*en regardant ſes tourtereaux.*) Innocens oiſeaux, nous n'avons plus d'aſyle ni vous ni moi. Vous ne ſauriez retrouver ceux qui vous donnoient votre nourriture, & Pholoé ne pourra plus vous nourrir. O ma mere ! qui te conſolera ? j'eſpérois que ce petit Berger qui paroît ſi doux, viendroit eſſuyer mes larmes ; j'aurois eſſuyé les tiennes ; mais il me laiſſe dans l'affliction, & il ne nous reſte d'autre reſſource que d'aller ſur les débris de notre cabane ; tu t'aſſeoiras, je m'aſſeoirai à tes pieds, & nous pleurerons enſemble juſqu'à .... juſqu'à ce que nous mourions de douleur. (*Elle ſe met dans une poſture de ſuppliante.*) Divinités de ce Bocage, ſi dans ce moment, portées ſur l'aile des Zéphyrs, vous rempliſſez ces lieux de votre préſence, & ſi vous voyez ma déſolation, ayez pitié de mon ſort, adouciſſez ma ſituation.

SCENE V.

PHOLOÉ, HYACINTHE *paroît*
& se jette à ses genoux.

PHOLOÉ.

AH ciel ! Que viens-tu chercher ici, dis, ingrat Hyacinthe ? mon chagrin te fait-il plaisir ?
Eh bien, vois. Sois content, je pleure.

HYACINTHE.

Ah ! mes pleurs se mêlent aux tiens. O Dieux !..
Dieux !.. Mais vous allez vivre avec Mœris, il
me l'a dit.

PHOLOÉ.

C'est vous qui desirez une nymphe pour épouse.
Mœris me l'a appris. Pholoé n'a plus de troupeau, lui avez-vous dit encore ; je ne saurois la
préférer à celle que les Dieux me promettent.
Cruel Hyacinthe, tu m'abandonnes !

HYACINTHE.

Moi, t'abandonner ! ah ! non, non, jamais.
Je ne veux point d'une Nymphe, non pas même
d'une Déesse. Mœris n'a pas dit la vérité. Ah !
s'il pouvoit aussi m'avoir trompé ! Pholoé se moquoit de toi, me disoit-il, quand elle t'a parlé,
lorsqu'elle.... t'a fait des caresses. Nous allons
ensemble au Temple de Psyché, elle le sait, elle
en est bien aise. Elle se moquoit de toi, m'a-t-il
répété.

C 3

PHOLOÉ,

Il t'a trompé, il t'a trompé.

HYACINTHE,

Ah ! Pholoé !

PHOLOÉ.

Ah ! Hyacinthe ?

HYACINTHE.

Que je fuis tranfporté !.. mon cœur eft trop plein de ma joie ; il veut fortir de mon fein.

PHOLOÉ.

Je ferois aife auffi.... mais ma mere... Hélas ! nous fommes fans cabane.

HYACINTHE.

O Pholoé ! notre grotte eft fpacieufe. Vous viendrez ta mere & toi demeurer avec nous : Lamon en fera charmé. Il eft bon , mon pere. Nous nous verrons à tous momens. Nous ferons toujours enfemble. Ma chere Pholoé , n'es-tu pas ma chere Pholoé !

PHOLOÉ.   c

Oui, mon cher Hyacinthe. Ah! Si ma mere y veut confentir !

HYACINTHE.

Allons la trouver, ta mere. Mais je la vois.

SCENE VI.

IPHIANASSE, HYACINTHE, PHOLOÉ.

IPHIANASSE.

Venez, Pholoé.

PHOLOÉ.

Ma mere !

HYACINTHE.

Iphianasse , je voudrois vous faire une priere.

PHOLOÉ.

Ma mere , écoutez Hyacinthe.

IPHIANASSE.

Nous lui avons des obligations , je le sais , ma
fille ; mais , que peut-il avoir à me dire ?

HYACINTHE.

N'emmenez pas Pholoé , venez avec elle habiter la grotte de Lamon , vous nous remplirez
tous de joie.

IPHIANASSE.

Qu'entends-je ? Est-ce ainsi , Pholoé, que vous
suivez mes ordres ? Ne savez-vous pas que Mœris doit être votre époux , & que vous devez
l'aimer ?

PHOLOÉ.

O ma mere ! je ne puis, je ne saurois aimer
Mœris. J'aime Hyacinthe , vous le voyez s'il
mérite mon cœur. Pourquoi refuser de me rendre
heureuse ?

C 4

IPHIANASSE.

Je veux votre bonheur, ma fille, & je fais mieux que vous ce qui peut le faire. Suivez-moi. Nous allons chez Mœris. Il nous attend, l'abondance régne dans fa maifon. Ses vaftes greniers font pleins d'herbages fecs & de toutes fortes de fruits d'hiver & d'automne. Vous verrez fes grands va-fes d'airain où le lait aime à ruiffeler. Toutes ces richeffes vous appartiendront.

PHOLOÉ, *tremblante.*

Ma mere !

IPHIANASSE.

Obéiffez, & n'augmentez pas notre infortune par vos refus.

PHOLOÉ.

Ma mere, vous ne m'aimez plus. Ah ! ceffez de me regarder de cet air de courroux. Je fuis prête à vous fuivre. Allons demeurer avec Mœris, oui, je ferai fon époufe. Mais vous m'y verrez languir comme une fleur dont un infecte malfaifant a pi-qué la racine. Elle fe fane, fa tête tombe, elle meurt : de même je mourrai bientôt. Alors, ma mere, viens toucher mes joues froides, donne un baifer à ta fille, un dernier baifer fur le front, & dis en me plaçant dans la fépulture : c'eft pour m'obéir qu'elle a perdu la vie. Et toi, Hyacinthe, le matin, quand tu pafferas fous le ceintre des ber-ceaux pour aller dans la prairie, ou le foir, quand tu reviendras à travers les bruyeres, penfe à Pholoé, qui ne fera plus. Que fon fouvenir vol-tige autour de toi ainfi qu'une ombre légere. Elle t'aimoit.

HYACINTHE *fait un cri.*

O Iphianaffe ! feriez-vous affez infenfible...

IPHIANASSE, *fanglotant.*

Viens dans mon fein, chere enfant, chaffe ces idées lugubres. Hélas ! c'eft pour toi, non pour moi, que je m'oppofe à tes defirs. Savons-nous fi le pere d'Hyacinthe voudra t'unir à fon fils, s'il voudra partager fa demeure avec nous. A préfent la fortune nous a tout enlevé.

HYACINTHE.

S'il le voudra ! Ah ! il le voudra. Quand il s'a-git de faire le bien, je réponds de mon pere. Mais il s'avance à propos. Je cours au-devant de lui, il chérit fon Hyacinthe, il va combler mes vœux.

SCENE VII.

IPHIANASSE, PHOLOÉ, HYACINTHE, LAMON.

HYACINTHE.

MON pere, mon excellent pere, tu fais le malheur d'Iphianaffe & de Pholoé. Tu en es af-fligé. Je le vois. Mais réjouis-toi, je vais t'en don-ner le fujet. Nous pouvons réparer leur défaftre. Notre grotte eft affez grande, elles viendront l'habiter avec nous. Pholoé le veut bien, aide-nous à déterminer fa mere.

L A M O N.

Mon Hyacinthe, je fuis ravi de voir que tu me
préviennes. Iphianaffe, j'ai quitté ma grotte pour
venir m'affliger avec vous, & vous offrir de partager ce que je poffede.

I P H I A N A S S E.

O Lamon ! O le meilleur des hommes ! Je
voulois donner ma fille à Mœris, l'opulent Mœris : mais ta générofité acheve de me vaincre.
Elle aime ton fils, vois fi tu veux qu'elle foit heureufe en t'appellant fon pere.

L A M O N.

Un ancien Oracle me fait efpérer, pour Hyacinthe, une époufe de la main d'un Dieu. Mais Pholoé, la fille d'un de mes voifins, belle & infortunée,
me femble préférable à l'une des Immortelles.

S C E N E   V I I I.

Les Acteurs précédens. MŒRIS.

M Œ R I S.

Quel blafphême, Lamon, ofez-vous pro-
noncer ! Et vous, Iphianaffe, pourquoi ne vous
rendez-vous pas auprès de moi ? qui vous retient ?
Je n'aime pas les retards. Quoique vous n'ayez
plus de troupeau, je ne balance pas à vous tenir
ma parole. Il n'y a plus moyen de s'en dédire,
Pholoé doit être à moi.

HYACINTHE.

Non, Mœris, Pholoé & fa mere confentent à
venir demeurer dans notre grotte, & Pholoé fera
ma compagne. A préfent je vous pardonne votre
tromperie.

MŒRIS.

Mais, vous n'y penfez pas, Iphianaffe, de refufer mes offres ? Et vous, Lamon, que deviendra
l'Oracle ?

LAMON.

Les Dieux en ont remis l'accompliffement à
ma volonté. Je ne fuis pas digne de tant d'hon-
neur.

MŒRIS.

Mais, dites, eft-ce bien là votre derniere ré-
folution ; vous, Iphianaffe ; vous, Pholoé ?

PHOLOÉ.

Oh ! oui, Mœris.

MŒRIS.

Réfléchiffez-y.

IPHIANASSE.

Toutes nos réfléxions font faites.

MŒRIS.

Je vous l'apprendrai donc à cette heure. Vous
avez tout perdu, Lamon.

LAMON.

Qu'entendez-vous par ce propos effrayant ?

SCENE IX.

Les mêmes. L'AMOUR.

MŒRIS, *montrant l'Amour.*

DEMANDEZ, il vous le dira, il le fait bien.

L'AMOUR.

Lamon, je vais vous apprendre une mauvaise nouvelle. J'étois monté fur le rocher au-deſſus de votre retraite, quand j'ai fenti que la voûte s'ébranloit. Je fuis promptement defcendu, elle s'eſt, en effet, écroûlée. Votre grotte eſt comblée, vos chèvres & vos brebis font écrâfées. J'ai vu le petit agneau que tu chériſſois, Hyacinthe; il avoit fui vers l'ouverture, une pierre énorme qui l'a atteint a brifé la moitié de fon corps, il pouſſoit un bêlement plaintif & mourant.

HYACINTHE.

O Etranger ! devez-vous donc toujours faire le mal ou l'annoncer ? Vous avez pris les vêtemens confacrés au Bocage, tandis que mon pere vous en auroit donné d'autres en place, fi vous lui en euſſiez demandé. On aſſûre encore que vous avez mis le feu à la cabane d'Iphianaſſe. Vous avoit-elle fait quelque chofe, dites ?

L'AMOUR.

Le tems me juſtifiera : mais ce ne font pas des cabanes que je me plais à embrâfer.

LAMON, *consterné.*

Mon Hyacinthe, ... qu'allons-nous devenir ?

HYACINTHE.

Qu'allons-nous devenir ? C'eſt à préſent que nous ſommes pauvres. Mais, Mœris, vous êtes riche, vous. Rendez à mon pere ſa part que les Dieux vous ont confiée. Des cinquante géniſſes qui ſont dans votre bercail, cédez-nous-en quatre ; ou huit, ſi vous voulez, pour vous débarraſſer du ſoin de garder la part d'un ſecond pauvre à qui nous la rendrons quand il ſe préſentera.

MŒRIS.

Qui ? moi ! que je vous céde aucunes de mes géniſſes ! Non, en vérité. Je ne veux même plus de Pholoé. Elle me dédaignoit tantôt ; les Dieux me donnent mon tour.

L'AMOUR.

Les Dieux, Mœris, vous offrent une belle occaſion de vous montrer digne des faveurs qu'ils vous ont faites, & des richeſſes qu'ils vous ont accordées. Il vous en coûtera peu pour vous faire bénir de trois perſonnes.

MŒRIS.

Jeune impudent, n'atteſte pas les Dieux, que tu mépriſes. Je ne veux plus de Pholoé, avec elle il faudroit me charger de ſa mere, eſſuyer ſes ſollicitations en faveur de Lamon, & peut-être même de ſon fils. Elle m'a rejetté : qu'elle aille à préſent vivre avec Hyacinthe, dans la grotte de Lamon.

HYACINTHE.

O Mœris ! pourriez - vous refuſer Pholoé, Iphianaſſe & Lamon ? Votre maiſon eſt ſi grande ! elle les contiendra facilement. Moi j'irai dans les profondes forêts y cueillir des fruits ſauvages, & la nuit je me retirerai dans les tentes des Bergers. Pour toi, mon pere, tu ne peux plus aller dans les forêts ; tu ne le pourrois pas, Pholoé, & tu ferois ſi mal ſous les tentes ! O ! Mœris, je vous en conjure à genoûx ; (*il ſe jette à genoux.*) retirez avec vous Pholoé, Lamon & Iphianaſſe. Pholoé, je ne te reverrai plus. Ah ! que je ſuis malheureux !

MŒRIS.

Pour Pholoé, ſans doute, & ce n'eſt pas ſérieuſement que j'ai refuſé. Tes prieres ſont bien inutiles à ſon égard, & je l'aime trop pour l'abandonner. Mais Iphianaſſe ... mais Lamon. . . .

SCENE X
ET DERNIERE.

Les mêmes. L'AMOUR, *qui, dans cet intervalle a repris ſa figure, & paroît accompagné de ſon cortége ordinaire.*

Oui, je ſuis ſatisfait ; (*ils paroiſſent ſurpris.*) Vous ne vous trompez pas, c'eſt le fils de Vénus.

PHOLOÉ, HYACINTHE.

O le plus charmant des Dieux de l'Olympe !

L'Amour.

Hyacinthe, tu mérites d'être heureux. Je remplirai sans cesse ton ame d'amour pour Pholoé, son ardeur répondra à la tienne, vous vous aimerez toujours.

HYACINTHE, à *Pholoé*.

Que sa présence m'explique d'événemens ! Je me plaignois d'un Dieu qui travailloit à notre bonheur.

PHOLOÉ, *en regardant le nid de tourtereaux.*

Pauvres petits tourtereaux, faut-il que vous soyez immolés ?

L'Amour.

Iphianasse, & toi, Lamon, vous trouverez un troupeau plus nombreux. Près de cette fontaine, au milieu de ces ormes que vous appercevez, s'élève en ce moment une cabane assez grande pour vos deux familles. Je ne vous laisserai rien à regretter.

LAMON, IPHIANASSE.

Quels vœux ! quelles actions de graces !...

L'Amour.

Pour toi, Mœris, je ne t'ôterai pas tes biens ; ce seroit te récompenser. Mes flèches les plus acerées déchireront ton cœur errant de Bergere en Bergere, & destiné à n'en point trouver de vraiment sensible. Malheureux quand on te résistera, plus malheureux encore si l'on te cède, tu croiras que l'on ne s'est rendu qu'à ton opulence, & tu croiras la vérité. Le dégoût volera sur ta tête, tu maudiras tes richeſſes, & ton exemple redoutable épouvantera Tempé tant que l'Amour ſera la plus chére des paſſions de ſes habitans : car, j'en jure par le Styx, c'eſt ainſi que je traiterai déſormais tous les riches ſans humanité. Allez, Jeux & Ris, aimables compagnons de l'Amour, vous qui rempliſſez de miel, & couronnez de fleurs la coupe de la vie, où ſans vous les mortels ne boiroient que la douleur & l'ennui ; diſperſez-vous dans les cabanes, portez mes feux dans les ames de tous les habitans de cette belle contrée, & qu'ils célebrent avec vous le jour où l'Epoux de Pſyché s'eſt mêlé parmi eux.

La Piéce eſt terminée par un Ballet.